徐大椿

穿穴膏肓

丁子惠 编写

吉林出版集团股份有限公司
全国百佳图书出版单位

图书在版编目（CIP）数据

穿穴膏肓　徐大椿 ／ 丁子惠编. —— 长春：吉林出
版集团股份有限公司，2020.2（2023.5重印）
　　ISBN 978-7-5581-7916-7

　　Ⅰ. ①穿… Ⅱ. ①丁… Ⅲ. ①徐大椿（1693—1772）
—传记 Ⅳ. ①K826.2

中国版本图书馆CIP数据核字(2019)第260567号

穿穴膏肓　徐大椿

**CHUANXUE GAOHUANG
XU DACHUN**

编　写	丁子惠	**责任编辑**	黄　群
策　划	曹　恒	**封面设计**	MM末末美书

开　本	710mm×1000mm　1/16	出版/发行	吉林出版集团股份有限公司
字　数	75千	地　址	吉林省长春市福祉大路5788号
印　张	8	邮　编	130000
版　次	2020年2月第1版	电　话	0431-81629968
印　次	2023年5月第2次印刷	邮　箱	11915286@qq.com

印　刷 三河市金兆印刷装订有限公司　ISBN 978-7-5581-7916-7　**定　价** 39.80元

前言

　　中医文化是中国优秀传统文化的重要组成部分，具有创新文化的潜质。中医学是中国传统科学中沿用至今的富有中国文化特色的医学，它具有完备的理论体系，独特的诊疗方法和显著的临床疗效等特征。在中华民族五千年的历史长河中，中医学始终担负着促进人身健康的重要角色，是中华民族长期同疾病作斗争的智慧结晶，它为中华民族的繁衍昌盛提供了重要保障。

　　《穿穴膏肓　徐大椿》主要收录了徐大椿的成长经历和奇闻逸事等。读者通过这些故事，可以了解中医名家救死扶伤、拯救天下苍生的医德精神和中医文化的博大精深。

本书内容通俗生动，易于读者阅读。书中配以与中医文化知识相关的图片，并选取了具有代表性的城皇山、洄溪草堂以及徐大椿家乡的特色风光作为跨页大图，使本书的内容更加生动传神，更具亲和力和吸引力。本书不仅是为了让读者了解中医文化，更是为了讲好"中国故事""中医故事"。

　　希望通过本书，读者对优秀中医文化会有更加深刻的了解和认识，能够更加热爱中医文化。通过我们对医学名家的传颂，优秀的中医文化必将再放异彩。

目录

MU 目

LU 录

　　徐大椿(1693—1772年),清代医学家,字灵胎,晚号洄溪老人,江苏吴江人。著有《难经经释》《伤寒类方》《神农本草经百种录》《医学源流论》《兰台轨范》等。

第一章

学通六艺尤擅医

徐大椿天资聪颖，七岁时就进入私塾学习。他多才多艺，熟谙儒道经典，通晓音律，又精于水利之学，而在他的众多技艺中，又尤以医术最为精通。清代袁枚在《徐灵胎先生传》中是这样概括徐大椿学问的，他写道："先生生有异秉，聪强过人。凡星经、地志、九宫、音律，以至舞刀夺槊，勾卒嬴越之法，靡不宣究，而尤长于医。"

关于徐大椿的出生，民间有这样一个传说。康熙三十二年（1693年）五月十五日，一名男婴在江苏吴江下塘毓瑞堂出生了。传说在他出生的前三天，有一位高僧来到他家中，对他的祖父说："我有一个弟子要寄养在您家中，到时候我会派遣苍龙把他送来。"三天之后又来了一位高僧。高僧径直进入堂内，任这户人家怎么呼唤都不说话，随即后堂传报有一男婴诞生。家人取米煮成米汤，男婴的母亲喝下后，便见一条金色的大蛇在他家盘旋过后离去，想必这就是苍龙了。男婴的祖父见到这一奇观，便给男婴取名徐大椿，字灵胎。

徐大椿出身书香世家，家学渊源，家

中藏书万卷。他的祖父喜爱读书且聪颖过人，康熙十八年（1679年）被授予翰林检讨，编修《明史》，后辞官归田，专心著述。徐大椿的祖父还擅长词画，是清代著名的辞章家。徐大椿的父亲精于水利，曾编修《吴中水利志》。徐大椿受家人影响，七岁时进入私塾学习。那时的他并没有表现出惊人的天赋，只是每天诵读几行，还经常会忘记。但他从小就有与众不同的志气，虽然没有过多的学识，但不屑于与常人一样为了谋生计而学习。十四岁时，徐大椿开始学习时文，表现十分优异，老师经常夸奖他。有一天，徐大椿问老师："学习时文学到像谁一样的程度才是极限呢？"老师回答说："本朝有名的前辈们，都已经达到时文的极限了。"徐大椿接着问："那么像我一样的人，什么时

明史

《明史》

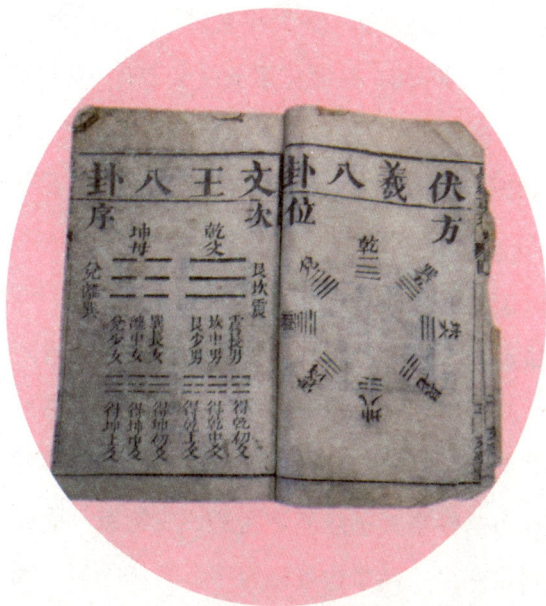

《易经》内文

候才能达到那样的水平呢?"老师鼓励他说:"只要你刻苦学习,多年之后就可以达到那样的水平了。"徐大椿又问老师:"那多年之后就可以不学了吗?"老师回答说:"时文学到那种程度就已经到达极致了,但是经学是学无止境的。"徐大椿心想,既然学习时文,认真研读几年就可以学完,而经学是永远也学不完的,那为什么要舍弃终身学不完的东西,而去学几年就能学完的知识呢?而且经学是时文的基础,学好经学才能够将时文水平达到极致,那我何不从学习经学开始呢?于是他下定决心认真研读经学,便问老师:"经学之中哪种经是最难的呢?"老师告诉他:"《易经》是最难的。"于是徐大椿便决定从《易经》开始学起。

与传统的老师教授读书的学习方式不同,徐大椿学习《易经》不是每天跟随老师读书,而是研读注家注本。徐大椿找来家中所藏的多种注释《易经》的书来研读,有读不懂的地方就尽心竭力地推敲,日久就能读懂其中深意。徐大椿爱好广泛，研读《易经》之余，又喜好读儒家理学的书籍，并博览诸子百家之书。在这些书中，他尤其对《道德经》有着独到的见解。徐大椿觉得《道德经》已有的注本晦涩冗长，而且注释得不够深刻，于是着手自己写注释。经过二十年的不辍笔耕，徐大椿的《道德经》注释得以完成。后来，徐大椿又撰写了《阴符经注》，并将二者合为一书。

徐大椿同时精通水利。在他十八岁的时候，张清恪来到他的家乡任职，聘请杭州老儒俞星留主编《江南水利书》。俞星留推荐徐大椿的父亲为副职，父亲又把查阅有关水利资料的任务交给了徐大椿。徐大椿认为这件事关乎东南地区的民生福祉，因此十分重视。后来因为张清恪离任，这件事也就搁置了。多年之后，因为行医的原因，徐大椿经常往来于苏松嘉湖间。当来到某个地方，他发现所到之处当年曾

《道德经》

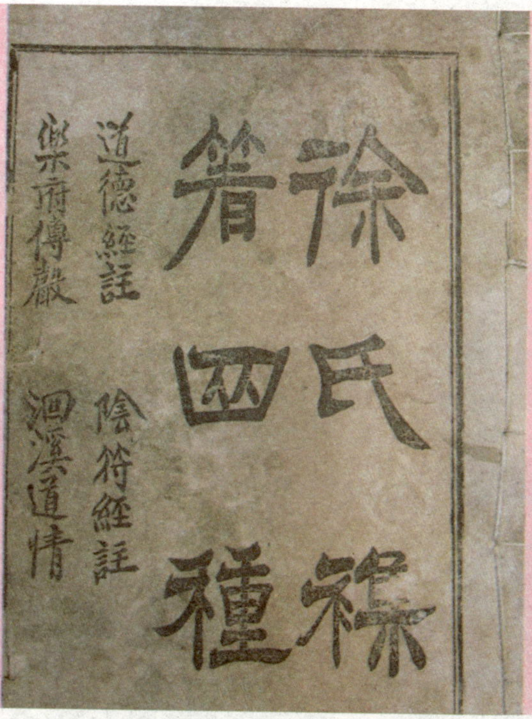

徐氏四種

道德經註　陰符經註
樂府傳聲　洄溪道情

徐大椿著作集錦

《类音》

在图上研究过，身临其境时，如同见到了老朋友，对当地河流的源流顺逆、缓急、迁徙了如指掌。

徐大椿还旁通天文学。二十岁时他得到了一本《天星图》，如获珍宝，便常常在夜里坐在庭院中，对照着《天星图》观察星象，从四月至九月，历时半年，学会了不少天文知识。他又读了《汉书·天文志》和《天文鬼料窍》等书，认真探究其中的经度行次。从此以后，那些托言天星欺骗人的话再也不能蒙骗他了。

徐大椿对词曲也颇有研究。他年少时曾跟随意庭先生游学。意庭

先生当时正在校注潘稼堂先生所著的《类音》一书。这部书将天下有字无字之音集在一起，分析得细致入微。徐大椿每日耳濡目染，对四呼五音之理亦深有体会。但是当他听到唱歌之人的歌声，却感觉模糊不清、不能辨识，心中便产生了怀疑。乾隆七年（1742年），徐大椿的母亲得了眼疾，平时闲在家中，没有可以取乐的方式。孝顺的徐大椿便请了一位唱歌的老优，并买来两名童子教他们唱曲，以博母亲的欢心。老优所唱的都是有音无字的世俗戏曲，徐大椿问他："您唱歌不遵循四呼五音的规则吗？"老优说："这种音乐是不能以高雅的丝竹管

古代兵器

弦相配的。"徐大椿提议道："我来试唱一下，您来吹奏，试一试能不能协调。"他们一试验，果然十分协调。老优十分佩服，于是后来用这种方法来教授童子，所奏之曲音节十分明朗，效果非同凡响。徐大椿以此基础，研究音律的要旨，著成了《乐府传声》一书。当时朝廷正在开设和声馆，遍访天下通晓音律的人才，有高官正好看到了徐大椿的《乐府传声》一书，打算向朝廷推荐徐大椿，但徐大椿因为母亲年事已高，不能远离，便拒绝了他的推荐。

徐大椿不仅才华横溢，而且拥有一身高超的武艺。他从小身体柔弱，但却十分好动，听说力量可以增长，便尝试举石，每日加重石头的重量，练习两年之后，已能举起重达三百斤的石头，且活动自如。徐大椿后来又学习了枪棍之法，每日勤加练习。他能在比武中不受制于人，甚至能够以弱胜强。

徐大椿博学多才，精通经学、水利、天文、词曲、武艺，但他最擅长的还是医学。

徐大椿学医，没有像其他学医之人一样跟随老师学习，而是通过研究经典自学成才。徐大椿为家中的长子，家中兄弟五人。有一年，徐大椿的三弟患病，他的父亲遍访名医，重金聘请郎中到家中为其诊治。徐大椿每天与郎中探讨病情，并且亲自为弟弟制药，他便是从那

《黄帝内经》

时起开始了解医理。然而家中请来的郎中并没有治好徐大椿弟弟的病，最终他的三弟还是不幸病逝了。可是，不幸才刚刚开始，在徐大椿的三弟病逝后不久，他的四弟和五弟也相继因病去世。徐大椿的父亲眼见三个儿子接连因病去世，悲痛万分，也得了严重的疾病，不久也去世了。身为家中长子的徐大椿，眼见家中连年遭遇变故，心中无比悲痛，同时也对当时的医术产生了深深的怀疑：难道现在的医术就是这样的吗？为什么我的家人会接连因病去世呢？徐大椿痛定思痛，决定开始学医。他找来家中所藏的数十种医书，一边精心研读，学习医学知识，一边找出前人的不足，开始自己著书立说。

難

經

《难经》

徐大椿认为当时郎中的水平平淡无奇，于是开始追寻医学的本源。从《黄帝内经》开始，到元、明时期的众多医书，徐大椿无不精心研读，以探寻医学的真理。徐大椿夜以继日地博览群书，对几万卷书细心研究、批注，具备了真才实学，并且明确指出当时医家的不足，提出了自己的独到见解，也完成了许多著作。

徐大椿通过读书知道，想要学医，必须首先掌握人体的基本知识，明白经脉、脏腑的有关理论，然后才能学习方药以治病救人。在以往的医书中，《难经》对这方面的阐释是十分有意义的，然而当时还没有一本完备的校释《难经》的书可供参考，于是徐大椿便仔细研读《难经》，准备自己校释《难经》。经过不懈努力，他完成了校释《难经》的书，这本书就是著名的《难经经释》。在明白了医学的基本理论后，徐大椿接着开始学习有关药物的知识。他知道想要在治病救人时能出神入化地用药，必须深谙药性之理。于是他从阐释药性最为经典的《神农本草经》开始读起，并加以阐释，著成了《神农本草经百种录》一书。这部书流传至今，对现代中医的学习和临证依然有着重要的意义。徐大椿在学医过程中，有着许多独到的见解。他认为，学医之人一定要懂得医理的渊源，不可知其然而不知其所以然，因此创作了《医学

穿穴膏肓
CHUAN
XUE
GAO
HUANG

14

徐大椿
XU
DA
CHUN

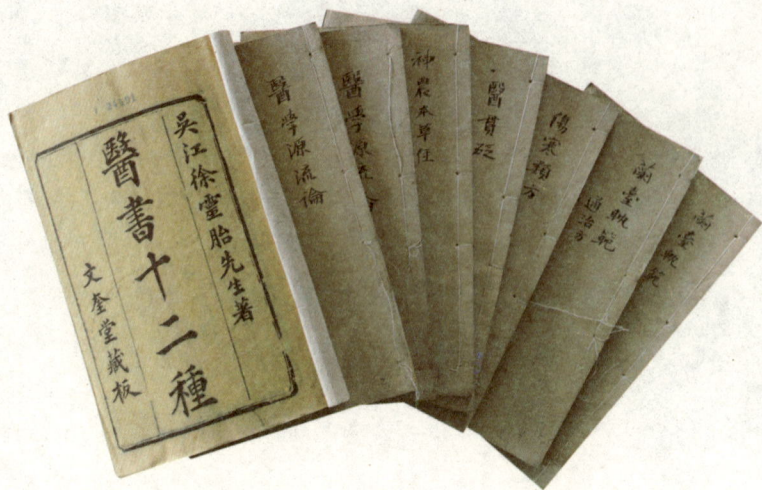

徐大椿著作

源流论》，以供后世学医的人作为参考。在临床辨证论治上，《伤寒论》一书有着不可替代的地位，但当时注释《伤寒论》的注家注本特别多，而且注本质量参差不齐。徐大椿看过之后，决定自己完成一部注释《伤寒论》的书。他认真研读了七年，经过五次修改，终于写出了一部自己满意的作品《伤寒类方》。徐大椿见到当时的一些庸医治病时不知病因病机，诸多病名混淆不清，不懂得应用经方，没有规范的治病法度，因此写了一部叫作《兰台轨范》的书，作为医者诊治疾病时的规范。徐大椿针砭时弊，反对当时滥用温补药物的风气，他认为，这种风气起源于明代的薛立斋，而赵献可的《医贯》一书，又过于以偏概全，专用六味地黄丸和八味丸治疗所有的疾病，这样做有百害而无一利。于是徐大椿专门作了《医贯砭》一书，对当时的风气进行深刻的批判。徐大椿晚年时深深地感受到，当时社会上流行的崇尚补益而惧怕攻邪的风气危害很大，影响了患者选择郎中以及郎中们正确的辨证论治，因此著《慎疾刍言》一书，力图使医者和患者都能够谨慎地对待疾病。徐大椿行医五十余年，一生诊治病人众多，在他去世八十年后，后人整理了他诊治疾病中的著名案例，合成《洄溪医案》一书。书中记载了徐大椿诸多神奇的治病案例，对现代医学治病救人依然有着重要的参考价值。

徐大椿从入私塾学习时文起，到精研经学，研究水利，修缮乐理，以及学习他最为擅长的医学，博览群书，勤于思考，并根据自己的见解著书立说。这就是徐大椿传奇的治学之路。

西安扁鹊纪念馆

第二章

辨证施治术精专

徐大椿一生行医，为无数人解除了病痛。他在临床诊治疾病时，十分注重审证求因，辨证论治，并且在遣方用药时，重视药物的性能辨证应用，取得了良好的疗效，广为人们传颂。

徐大椿有一位同窗叫作赵子云，家住在太湖畔。有一年夏天，天气十分炎热，赵子云得了严重的暑热痢疾，病情十分严重，于是请徐大椿诊治。徐大椿在他的家中留宿三天就治好了赵子云的暑热痢疾。徐大椿将赵子云的病治好后想要回家，但是那年大旱，河中的水比往年少了许多，河岸边的行人忙忙碌碌，络绎不绝，都想着要过河，可是河面上往来的船只少之又少，徐大椿没有找到可以乘坐的船。当时赵子云的一位邻居家中有一条船，徐大椿便去他家，请求借船用一天。恰好邻居家中有一位病人，生命垂危，家人以为他很快就要去世了，打算去为他买一口棺材回来，便没有答应将船借给徐大椿。正在这个时候，有一位老妇人认出了徐大椿，指着他说："这位借船的人就是治好赵子云的人。"这位病人的妻子一听，心中顿时有了希望，觉得病人还有一线生机，便连连请求徐大椿帮忙诊治。徐大椿同意了为病人治病。

徐大椿见病人虽然脉气将绝，但是心口处还是温的，皮肤的颜色也没有发生变化，顿时明白了其中的缘故：这个病人是因为暑热之邪闭阻了神窍，并不是将要病逝之人，于是给病人开了清暑通气的方药。病人的家人十分感谢，便将船借给了他。徐大椿回家几天之后，赵子

云来拜访他。徐大椿问起那位患者的情况，赵子云告诉他：那位病人服用了他开的药之后，一剂便能够发出声音，服用两剂就可以翻身了，服药三剂后，已经可以起床了。

　　芦墟的一位患者，得了严重的暑热病，病情危急。徐大椿为他诊治疾病时发现，这位患者已经脉微欲绝，而且遗尿，胡言乱语，双手不由自主地抚摸衣被和床缘。徐大椿知道这是虚阳浮越之证，患者很快就会大汗而阳气脱绝。情急之下，徐大椿用参附汤加入童便给患者服下。不一会儿，患者就苏醒过来了，但是患者还是认不出身边的人。

夕阳余晖

当时徐大椿还有其他的事情便离开了，临走之前留下方药，嘱咐患者的家人说："如果他醒过来能够说话了，您就来找我。"三天之后患者能够说话了，家人遵照徐大椿的话前去请他。徐大椿随即前往，见到患者果然起死回生了。当时在患者家中留守的医生见之前的药方已经取得了疗效，便仍然用之前的方子煎了药，但是还没有给患者喝下。徐大椿到了之后，见到这一情形，便说："患者的阳气已经恢复，内火又恢复了炽盛的状态，而阴液反而要枯竭了，附子是大热的药，如果让患者喝下去就危险了。"说罢，徐大椿让患者的家人取来西瓜给患者吃。患者十分高兴，连吃了好几个西瓜。徐大椿又给患者服用了清暑养胃的药。患者病愈之后，前来感谢徐大椿，并讲述了他在昏迷不醒时的梦境。他说昏迷时，见到了一个凶恶的黑人站在他面前，想要吃掉他，他感到寒冷入骨。这时一个小儿用扇子驱赶那个黑人，边驱赶边说："你不怕霹雳吗？"黑人不屑地反问他："就算你的三剂霹雳，又能把我怎么样呢？"小儿又说："那再加十个西瓜怎么样？"黑人一听这话，仓皇地逃走了。徐大椿听他讲完之后，说："附子的古名就叫作霹雳散，果真服用了三剂，后来吃的西瓜是退去暑伏

西
瓜

《洄溪医案》

的。"这位患者所言每句都能和徐大椿的治疗相对应，堪称一奇。

据《洄溪医案》记载，洞庭湖的后山上有一个姓席的人，夏天时得了暑厥之病，由于暑热之邪郁结于内，身体厥冷，像尸体一样，但是还没有冷透。徐大椿诊察他的脉象，发现脉中还有轻微的搏动，于是判断出这种疾病就是尸厥。徐大椿对这个患者的父亲说："他是因为邪气充斥壅塞于体内，逼迫他的魂魄飘浮在外，所以才会出现这样的现象。只要开通了他的形体官窍，他的魂魄自然就能返回体内。"说完，徐大椿取出紫金锭磨成粉末给患者服下，然后用西瓜、芦根、萝

甘蔗

卜、甘蔗榨成汁，随时给患者灌下，如此一天两夜，灌服两大碗之后，患者逐渐苏醒了。徐大椿询问患者的感受，患者说："我好像在新庙前的大石头上坐了三天，见到不知道是谁家的老妇人和孩子，突然闻到了扑鼻的香气，才渐渐知道我是在屋里，有一个人和我并排躺在床上，于是就能睁开眼睛看见东西了。"

苏州沈氏的母亲，得了寒热痰喘的疾病。她的女婿毛氏请徐大椿前去诊治。徐大椿到了他家之后，见到已经有一位郎中在为病人诊病了。这位郎中手中握着笔沉吟道："病人大汗不止，必定是阳气将要亡失了，

苏州园林

大枣

没有别的办法，只能用人参、附子、熟地、干姜了。"说罢写下方子离开了。
等到这位郎中离开后，徐大椿才进入患者的病室之中。他诊察患者的脉
象时发现，患者脉象洪大，手脚不冷，喘促，而且大汗淋漓。徐大椿对
患者的女婿说："快去买些浮小麦和大枣，煮汤服下就可以了。"家人依
照徐大椿的方法给患者服了药，果然立刻就止住了汗。徐大椿又给患者
开了两剂消痰降火的方药，患者服用之后就病愈了。

　　毛公裕已经八十岁了，平时就有痰喘的疾病，劳累之后，旧病又
复发了。老先生连续七天只能俯于几上，不能仰卧，全家十分惶恐，
于是请徐大椿前来诊治。徐大椿看过患者之后说："这是上实下虚的病

症。"于是徐大椿用清肺消痰饮，送下一钱重的一小块人参。如此两剂之后，毛老先生果然病愈了。毛老先生说："徐先生的学问之深，自然是不必多说的，但是将人参切块的方法，不过是聪明人故弄玄虚罢了。"一年多以后，这位毛老先生的病又发作了，于是按照徐大椿的旧方抓药，将整棵人参一并煎入了药中服用，可想而知，患者的咳喘变得更严重了。后来，他又请了徐大椿前来诊治，告诉徐大椿，自己沿用了去年的方子，但病情反而加重了。徐大椿问道："是不是把整棵人参一起掺到药里了？"患者回答："是。"徐大椿说："就是这样才使病情加重的。"徐大椿让患者把人参切块服用，两剂之后果然病愈了。徐大椿告诉众人，他的这种用法是因为患者有下虚需要补，但患者的痰火在上部，如果补药过量的话必然会助长病邪。只有将人参切块服用，先使其药性得不

干姜

楼台亭阁

到发挥，在清肺之药发挥作用之后，再开始发挥它的作用，病才能痊愈。众人听了徐大椿的一番解释，无不对他精湛的医术表示叹服。

淮安有一位富裕的大商人，叫作杨秀伦，在七十四岁的时候得了外感停食的病症。当时给他治疗的郎中都说，病者年事已高，只有补益的药食才能用。可是应用补益之品几个月后，不但没有治好病，患者反而一闻到饭菜的味道就会恶心。患者每每见到别人吃饭就大声斥责说："这么臭的东西你们怎么吃得下？"几个月的时间，他既不吃饭也不睡觉，只能靠独参汤来维持生命。杨氏听闻徐大椿医术高超，于是请徐大椿为他诊治。徐大椿看过之后说："这个病是可以治好的，但是我开出的方子你们必然不会相信，也不会服用我开的药。如果不服用这个药，病是治不好的。但如果按照你们的意愿开方，也是治不好他的病，那样还不如不开。"众人听到徐大椿这样说，便问道："要用什么药呢？"徐大椿回答说："只用生大黄。"众人果然十分惊异，有一个人说："先等先生把方开完再商议吧。"徐大椿顿时明白了他的心意：郎中不远千里赶来，不能不顾及郎中的情面，等药煎成之后悄悄扔掉就是了。徐大椿察觉了他的想法，等药煎好之后，亲自来到病人的身边，强制他把药服下。身边的人看到后，

穿穴膏肓
CHUAN
XUE
GAO
HUANG

32

徐大椿
XU
DA
CHUN

苏州园林

都惊恐万分，手足无措。药只服下了一半，当天夜里患者就能平心静气地睡觉了，但是并没有排出宿食。第二天服用了一整剂药，患者排出了些许宿便，身体也逐渐开始觉得舒适了。第三天一大早，徐大椿还没有起床，就听见外面的喧哗声说："老太爷在堂中扫地呢！"徐大椿连忙起床披上衣服，出来询问原因，患者家人告诉他说：老太爷卧床太久，想要起来亲自感谢您，从堂屋出来时，见到地上堆积了许多果壳，便拿扫帚扫开了。随后患者来到徐大椿的卧室，和他交谈了许久。早饭送来后，

古香古色的苏式建筑

患者便夹了食物吃起来，并疑惑地说："为什么不臭了呢？"从那以后，患者开始渐渐能够吃饭，精神也恢复了先前的状态。知道这件事的人们都觉得十分神奇。徐大椿指出，老人是伤食所导致的厌食，只要将宿食排出就能够进食了，无论老少都一样。先前的郎中只说老人停食不可用攻下之法，只能补益中气，等待宿食自消，这种方法对人是有百害而无一利的。

徐大椿的叔叔徐子静，平时并没有什么不适。有一天，徐大椿将亲友请到家中设宴小酌，他的叔叔也参加了。不料，吃饭的时候，第二碗饭刚吃一半，他的叔叔突然就把头垂下去了，筷子也掉了，同桌吃饭的人赶紧问道："您是喝醉了吗？"叔叔没有回应，旁边的人又问道："是不是骨头卡在喉咙里了？"叔叔还是没有回应。众人仔细一看，他双目紧闭，口角流涎，于是大家赶紧起来，把他扶到别的座位上，见他脖子已经歪了，而且脉微欲绝，喉咙中有痰声，神志恍惚，不认识身边的人。徐大椿赶紧取来至宝丹给叔叔灌下，刚开始灌不进去，再灌才能将药咽下。过了一会儿，徐大椿的叔叔睁开眼睛，问扶着他

的人："我这是在哪儿呀？"身边的人就把刚刚发生的事情告诉了他。听到事情的经过后叔叔想要回家，于是身边的人便把他扶上车送回了家中。徐大椿又给他开了祛风消痰安神的药，第二天他就能够起床了，后来身体痊愈再也没有复发。徐大椿的叔叔得的病属于卒中的范畴，引起这种疾病的原因多种多样，如食厥、痰厥、气厥等。像徐大椿的叔叔这样危险的情况，如果不是徐大椿家中备有至宝丹，病者一旦气不能接续，经络闭塞，随时都有可能危及生命。如果没有徐大椿这样精准的辨证，而是误用人参、附子等药助长患者的痰火，那么患者就

庭院一隅

薄荷

必死无疑了。

雍正十年（1732 年），昆山地区瘟疫盛行。由于前一年此地发生了海啸，近海地区的难民流离失所，都死在了昆山，尸体都被掩埋在了城下。到了这年夏天，天气炎热，掩埋的尸体开始腐烂，造成瘟疫的流行，一时间死亡人数达到千人。当时有一个叫汪天成的人也感染了瘟疫，便请求徐大椿为他诊治。徐大椿见他身体大热，神志昏迷，心中烦闷，躁扰不宁，诊其脉至而不定，便用鲜菖蒲、泽兰叶、薄荷、青蒿、芦根、茅根等清凉芳香凛冽的药物，加上辟邪解毒丸散给他服下。病人服下后便渐渐清醒了。徐大椿到昆山时，因为不愿参与应酬之事，就没有告诉别人他的行程。汪天成病愈后，徐大椿也准备回家了。可是看到当地的瘟疫后，他心想："瘟疫让这么多人失去了生命，

苏州云岩寺塔

苏州美景

清代指铃

我为什么不帮助他们呢？"徐大椿刚一说出要帮助人们治疗瘟疫，就有二十七人前来求助。徐大椿检查他们之前所服用的药物，发现用的都是香燥升提之品，正好与病症相反。徐大椿仍然使用为汪天成治疗的方法为他们解除病痛。徐大椿回家之后，有一位姓叶的人记下了他们的名字，经过徐大椿治疗的二十七人中，有二十四人痊愈，只有三人死亡，那三人的死亡还是因为后来有医生误治而致。徐大椿因而感慨，治病必须根据季节气候的变换辨证论治，去年的情况与今年有所不同，哪能用去年祛风逐湿的药方治疗今年瘟邪燥热的病呢？

湖州的副总戎姓穆名廷弼，身体十分强壮。有一天，他忽然得了一种奇怪的病：两牙紧闭不能张开，也不能吃饭，已经有五天粒米未进了。徐大椿前来诊治时，发现他能和平常一样与人交流，只是喊太饿了。徐

大椿检查他的牙齿，发现上下牙之间只开了一条缝，抚摸他的两颊，发现坚硬得像皮革一样。他仔细询问他的病情，没有发现其中的缘由，便说："这应该是被恶风吹到了，您是曾经受过恶风吗？"患者刚开始否认，却又突然恍然大悟，说："确实是受过恶风！二十年前行军途中，我晚上住在帐篷里，半夜时候突然怪风大作，帐篷拔地而起。当时有三个人'猝死'，我是其中之一。被灌了热水之后，我们有两人活了过来。我刚醒的时候，两天不能说话，现在是又复发了吗？"徐大椿回答："当然！凡是治皮的医生，皮肤坚硬就要让它消散，我现在要用药消散你脸部的皮了。"徐大椿说完，用蜈蚣头、蝎子尾、朴硝、硼砂、冰片、麝香等药擦拭口内，再用大黄、牙皂、川乌、桂心等药涂在口外，并叮嘱他，如果有痰就吐出来。第二天一早，徐大椿还没有起床，患者就打开他的房

蜈蚣

蝎
子

门说："您可真是位神仙呀，我早上已经吃了好几碗粥了！"徐大椿又给
他服用了祛风养血膏，他不久就痊愈了。

　　嘉善许阁学的夫人生病，因为庸医过度使用发散之剂导致了表虚，
然后又用了补益的药加重了病邪，风直接侵入她的体内，所以她十分怕
风，连续几个月闭门不出，每当见到微风就会觉得忽冷忽热，头晕目眩。
徐大椿前来为她诊治，进入卧室中，见到她的门窗都用厚布遮了起来，
又在床前设了帷帐，并在暖帐的外面铺上了布单。徐大椿为她诊脉，
发现她脉象微弱而且十分软，毫无阳气之象。徐大椿说："先前因为用
错了药且过度地避风，导致身体没有得到阳气的温养，失去了防护的

屏障，现在必须要得到阳光的照耀，而且是中午的阳光，用药才能有效。"许阁学说："如果想见到阳光就会见风，这可怎么办呢？"徐大椿说："干脆就把房顶的瓦揭下去，让阳光直射进来。"家人们一听，都觉得这是一个好主意，既能让阳光照进来，又可以避免吹到风，于是就按徐大椿的主意把瓦揭了下来。果然，三天之后，患者家里就可以开窗户了，十天之后患者就可以见风了，她的病也好了。第二年，许阁学带着夫人来到徐大椿的家乡，在河边停船，邀请徐大椿为他夫人拟一个可以长期服用的方子。那天风特别大，徐大椿就在临水的窗边为她诊脉，而许阁学的夫人却浑然不觉。这是因为她身体的屏障坚固了，反而喜欢见到风，这是一个自然而然的反应，强制见风是万万不可的。

清代铸铁药铫

徽州有一位姓汪的盐商，最初家中十分富裕，后来家道中落。他的夫人四十六岁时，由于终日忧虑操劳，得了血崩，服用人参、附子等药后，血崩日益严重，于是家人便请徐大椿前来诊治。徐大椿给她开了养血清火的方子，病势得以稍微减轻，但这种病是很难根治的。三年后，患者的丈夫去世了，她前往武林投靠亲戚，路过吴江时，知道徐大椿住在那里，便去向徐大椿请求开方。她对徐大椿哭诉："三年前我是遇到了您才能够起死回生，如今我就要远行了，一旦发病就必死无疑。"徐大椿听后，便给她开了一个可以长期服用的药方，并且送给她一些可以用的丸散。十多年后，有一个外国人请求徐大椿为他的妻子治病，一位头发苍白的老妇人出来拜见，徐大椿见到她十分眼熟，便询问她是谁。老妇人回答说："我就是当年汪氏的妻子，服用了您送我的方药，

炮附子

五十二岁时崩症就痊愈了，现在已经六十多岁了，身体比以前要好得多。我的女婿把我接到了这里，现在的病人是我的女儿，今天见您，不仅仅是为了求您为我的女儿治病，也是要当面感谢您。"

徐大椿在行医生涯中，辨证精准，药到病除。以上列举的医案，只是徐大椿众多病案中的冰山一角。

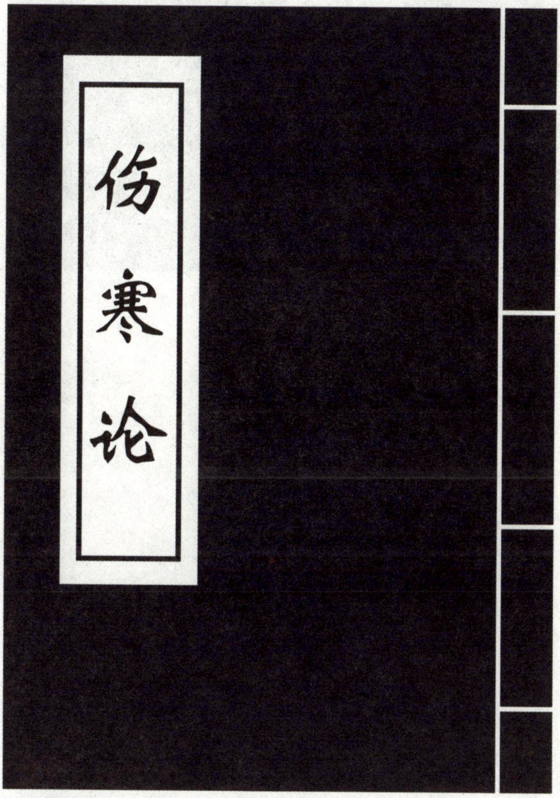

知识加油站

什么是"天生白虎汤"？

张仲景所著的《伤寒论》中有"白虎汤"一方，由石膏、知母、甘草、粳米组成，用于清热生津。西瓜是一种天然的可以清热生津的水果，有着和白虎汤相似的功效，因而被称为"天生白虎汤"。

伤寒论

《伤寒论》

苏州园林

第三章

内外兼擅技精湛

徐大椿不仅精通于内科疾病，对治疗外科疾病也有着很深的造诣。在一生临证过程中，他用精湛的医术，治好了许多疑难杂症，下面就是徐大椿治疗外科疾病的故事。

徐大椿认为，内科与外科虽然一分为二，但是二者相互联系，不能分割成两个完全独立的部分。因为临床上的疾病，往往都是内外科的症状兼见的，或有外科疾病而见内证，或有内科疾病变为外证，如果不能明确地辨证，则容易导致疾病诊治失误。所以，徐大椿主张临证之时，应该内外科疾病兼顾，这样辨证才能准确无误。

徐大椿治疗外科疾病，有着丰富的经验。如对于腹内痛症，徐大椿指出：如果明显表现为内证的情况，就用内科的方法治疗；如果明显表现为外证的情况，就要用外科的方法论治；如果有病在腹中，病之内外不明显时，则要明确辨证，不能屡

次尝试更换方药，否则会导致轻病变成重病，严重的甚至会导致患者死亡。徐大椿还提出要将瘀火瘀热与各种痛症加以鉴别，但要注意二者在病因、病机上的联系。徐大椿指出，凡是瘀血在体内瘀滞，日久必然会导致成痛，这种情况在产后病和女子闭经中所见极多，许多医者不能提早发现，等到成痛溃脓之后，才开始寻求外科的治疗。徐大椿治疗外科疾病独具特色，并且有很多有名的病案。

徐大椿的同窗沈自求，因为儿子去世，心中十分抑郁，每天愁眉不展，唉声叹气，脖子上生了十分严重的痛。他遍访名医，经过多次治疗，也没有治好。见到徐大椿的时候，脖子上的疮口已经长到了原来的三倍之多，疮口环绕着脖子，只有靠近咽喉仅仅两寸的地方没有

江南水乡

溃破，枕骨之下的筋虽然没有断，但已经流血不止了。徐大椿原本没有同意为他诊治，但他坚持请求徐大椿救他，徐大椿只好应允。徐大椿先给患者服用了两粒护心丸，使毒邪不致深入脏腑，然后把止血散撒在疮口上以止血，外面涂上厚厚的药约束疮口的根，再不时地将珠黄等药敷在疮口上，最后再用四两黄芪煎成汤剂服下。这样治疗后，患者开始能够稍微进食了，几天之后，血止住了，坏痈中的脓流了出来，新生的肌肉和溃烂的腐肉开始有了明显的界限。但是患者的疮口太大，皮肉不能够愈合，于是徐大椿又用了生肌的药，加入人参末涂在疮口上包扎好。一个多月后疮口就长好了。病人的家人准备了一斤多的人参备用。徐大椿说："用不了这么多的人参。"徐大春后来解释说："所

人
参

有的痛痒和疮疡肿毒，都是由于火造成的，肌肉腐烂流脓是由于伤阴导致的；所有的外科病，都应该以清火养阴为主，再加入开胃健脾的药，人参只用一钱，几服药就能治好。"可见徐大椿辨证用药的精准。

横泾钱氏的女儿，从小就有痞块，从腹部到小腹，再到环跳穴之下，再到大腿外侧。后来变成了大块的痈疮，痈疮溃烂流出脓水，淋漓不止，逐渐形成了瘘管，并有饭粒从中流出，不知道是什么原因，而且病情一天比一天严重，郎中们束手无策。患者的父亲对徐大椿哭诉说："我们这样贫穷的人家，每天服用人参，已经花费了上百金，还是没有效果，该怎么办呢？难道只能等着她病死吗？"徐大椿说："人参不能长期服用，外科病自有祛脓填漏的方药。"于是徐大椿选用了治漏的药内服外敷。最初，患者服下的药末会从疮口流出来，后来流出来的药食越来越少。

秋色

亭

吳中福地城隍山

病人逐渐恢复了胃气，肌肉也长了出来，几个月之后，溃脓的疮口便结痂痊愈了。这位患者在此前从来没有生育过，疽痈治好数年之后，得以怀孕生子，足可见徐大椿治病之效。

嘉善的张卓舟，还不到二十岁，就已经得了流注之病五年，从两胁到腰腿，连续长了七八个孔，无论寒热的食物都不能吃，人已经虚脱了，形体渐渐变成了一个空架子，光是服用人参就已经花费了二三千金，然而并没有好转的迹象。这位病人十分可怜，从小父母就去世了，得病之后，他的伯父就把他的田产文契全都收走了，只等着他死了以后便坐而取之。张卓舟的哥哥来到徐大椿家，恳求徐大椿救救他的弟弟。徐大椿听说了张卓舟的遭遇之后十分怜悯他，便同意为他诊治。徐大椿来到他的家中，见他的下半身几乎要变成枯骨，便知道他得的是虚痰流注之病。从前为他诊治疾病的郎中没有治疗他经络中的痰，白白增加痛苦却没有治好病，这是因为用药不当，而不是这种病真的不能治。徐大椿想了想，给患者开了以大活络丹为主的方药，再配合外用的拔毒生肌的药物。其他郎中听后不以为然，反而嘲笑徐大椿，说："活络丹是辛热刚烈的药，怎么能吃呢？"徐大椿没有反驳，那些浅薄的郎中只知道用乌头、蚯蚓等制成常用的活络丹，却不

苏州狮子林

水乡

茯苓

技精湛

知道古方中配伍了五十多味药的大活络丹。像这位患者所得的病，全都在经络上，只有大活络丹才能治疗他的病。徐大椿给病人按照自己的方法治疗后，患者疮口的脓水日渐清稀，肌肉逐渐长了出来，瘘管渐渐愈合。筋脉舒展开后，患者就慢慢能够站起来了。两年之后，患者的下半身便长得肌肉丰满，比没有得病之前还要强壮。

　　长兴朱季舫的小儿子名叫啸虎，十分聪明灵敏，是个人见人爱的孩子。但是，在他九岁的时候，突然得了一种奇怪的病，腹部疼痛，双脚挛缩，双手抱膝，脊背上突出一个疖子，痛苦万分，昼夜不停地哀号。家人为他遍访名医，请了许多内外科郎中前来诊治，有的说他是虚损不足之证；有的说他是因宿食导致；还有的说这是发毒，应该刺破后背上突出的位置，让脓血流出来。这些郎中各执己见，争执不下，不知如何是好。当时正在他家的茅岂宿极力推荐徐大椿，说徐大椿可以治好孩子的病。徐大椿来到患者的家中，为其诊治的医生正因为治疗方案争执不下。茅岜宿带着徐大椿过去查看患者。徐大椿看过之后说："孩子得的病是缩脚肠痈，幸好还没有溃脓，四天就可以消了。"其他郎中听后哈哈大笑，不以为然。患儿的母亲是名门望族之女，只有她相信徐大椿的话。于是徐大椿先开了养血通气的方药和护心丸给患者服下，当时患者疼痛便大有减轻。在座的郎中十分不屑，说道："不过是凑巧而已！"第二天，徐大椿又给患者服用了消瘀逐毒的丸散，并对他说："吃了这个药之后会有轻微的疼痛，不要害怕。"当天

晚上，患者果然觉得疼痛又加重了。其他郎中以为是徐大椿的治疗没有效果，于是嘲笑说："看啊，果然像我们说的那样吧，不过是误打误撞而已！"徐大椿没有理会他们的冷嘲热讽，直到第三天的早上，他又给患者服用了顺气的方药。这时患者的疼痛已经减轻了八九分，脚也能够伸展开了，脊背上突出的疖子也平复了。到第四天，患者果然能够下地走路了。那些原本不以为然的郎中羞愧万分，纷纷离开了。其中有一位姓俞的郎中，是一位儒雅之人，他虚心地向徐大椿请教原因。徐大椿说："许多混杂的药物胡乱地给患者吃下，必然会损伤气血，所

初发芙蓉

清酱釉陶药碾

以应该先调和气血。气血稍微安稳之后，再用攻邪之法攻下积聚的邪气，攻邪的时候就会疼痛，攻下之后，再使用滋养脏腑、通利关窍的药物，患者就会脏腑安和了。"

南濠徐氏有一女子，月经停止好几个月，吃的东西越来越少，肌肉越来越消减，从右侧小腹到环跳穴处隐隐作痛，并有轻微的肿胀。为她诊治的郎中有的认为是怯弱，有的认为是血痹，都说不能治了。徐大椿诊察她的脉象，发现脉洪数而滑，寒热没有次序，于是对她的父亲说："这是瘀血变成了痈，现在已经成脓了，必须要让它溃破，溃破之后会有病情的变化，那时需要马上治疗。"徐大椿说完，给她开了外科托毒的方药和丸散，随即返回了家中。两天之后，天还没有亮，便听到了急促的敲门声，徐大椿起来一看，原来是徐家的亲戚。来人告诉徐大椿说，现在患者的脓已经溃破了，病人十分危险。徐大椿一听，赶紧登船去患者家中诊视。到了她家中，徐大椿一看，患者的脓已经流出了一升多，并且脉微欲绝，肌肤冰冷，看起来阳气即将随阴液脱出了。徐大椿来不及开方，赶紧让人用人参、附子二味药煎汤给患者灌下。服用了这两味药后，患者的气息逐渐能够接续，身体也恢复了温度。然后，徐大椿又用了补养血气之品，加上托脓长肉的药，内外兼治，两个月之后，患者溃破的漏口就长好了，精神逐渐恢复，月经也能按时来潮了。

洞庭有一位妇人，生完孩子之后，小腹十分疼痛，恶露排出不止，患者十分痛苦，奄奄一息，她的家人赶紧请来了徐大椿。徐大椿看过

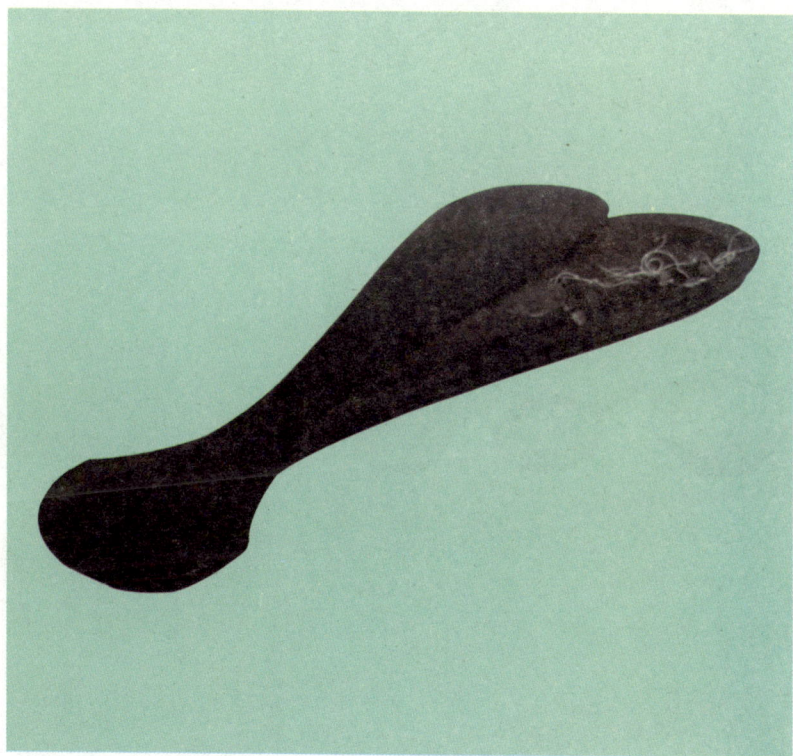

清乌木杆药房戥子

之后一阵诧异："恶露排出这么多，为什么她的疼痛反而加重了呢？"

徐大椿觉得这其中必有问题，于是又追问所排之物是什么样的。家人回答排出之物像脓一样。徐大椿听到这样的回答，顿时肯定了自己的判断，便对她的家人说："这是子宫受伤了，现在已经腐烂溃破了。"说罢，便让接生婆伸手探查，果然和徐大椿说的一样。于是徐大椿给患者开了生肌收口的药物，再内服解毒消瘀的方药，很快患者就痊愈了。

　　东洞庭的刘夫人得了乳疬，为她诊治的郎中不能将它消散，于是用刀在乳头上方一寸多的位置切开了一个口子，希望毒邪从口子排出。但没想到的是，脓毒居然又向下溃烂，乳囊已经全部腐烂，患者已经不能进食，马上就要形成乳痨。为她诊治的内外科郎中一起商议，却没能想到一个合理的治疗方案，都以为不能治了。情急之下，她的家人便请到了徐大椿。徐大椿看过之后，说："这并不是不能治好的绝症，

清代药钵

苏州园林

清代铜药勺

只是没有得到适合的治疗而已。就现在的情况来看，还是可以治愈的，但是需要一百天的时间。"患者的家族中都是年轻人，听到徐大椿的话，想要以徐大椿的话来反驳那些郎中，便对徐大椿说："我们恳请您能在家中留住一百天为她治病，您一定要在家中住到治好以后才离开啊。如果您需要回家的话，我们会准备快船来回接送您。"徐大椿最初没有应允，但无奈病者的家人反复恳求，只好勉为其难地答应了。徐大椿尝试了许多种治法，治到第九十天的时候还没有取得效果。徐大椿想，患者十分柔弱，惧怕疼痛，所以不能再在乳头的下方开口引流，但是脓水在乳房上方，很难排干净，还有再传乳囊的隐患。徐大椿左思右想，终于想到一个方法，先将一个药袋放到乳头下方，用布束缚住，使脓不能向下流注，然后用热茶壶在外部熨烫，使药气趁热进入体内，再配合内服托脓的丸散，使脓从上面的疮口泛出，泛出之脓厚重而且量多，七天之后，脓排干净了，开始有新生的肌肉长了出来，一百天后患者就痊愈了。后来徐大椿用这个方法治疗其他疾病，也取得了良好的疗效。

以上都是徐大椿治疗外科疾病的经典案例，徐大椿独具特色的外科治疗故事还有许多，不能一一列举，但足以看出徐大椿对外科病症的精通。

知识加油站

"环跳穴"名称的来历是什么？

"环跳穴"位于股骨的嵌接之处，侧卧取穴，微屈膝抬腿可以见到穴位。每当人跳跃的时候，必须要先蹲下使膝胯弯曲，这个穴位处便会形成半圆形的凹陷，所以把这个穴位取名叫作"环跳穴"。

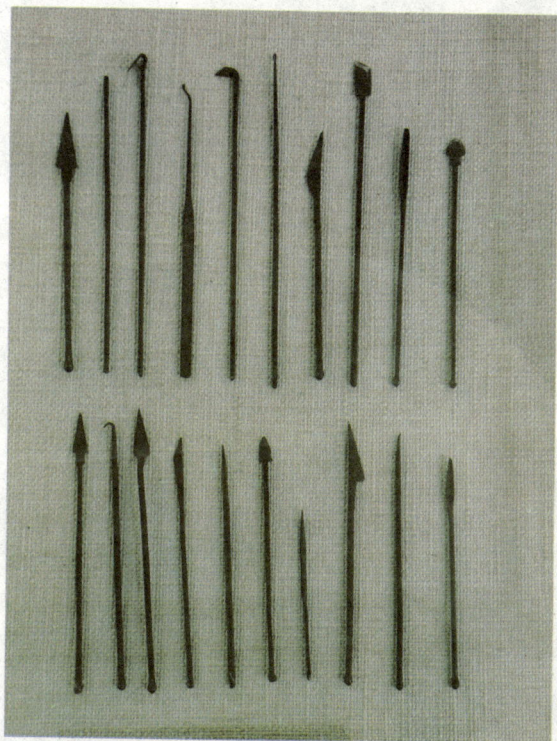

清代手术器械

第四章

针砭时弊警后世

在徐大椿生活的年代，许多郎中受到温补思想的影响而滥用补药，徐大椿对此深恶痛绝，并作出了义正词严的批判。这也使他成为历史上著名的中医批评家。

随着学医时间的增加，徐大春的经验也越来越丰富。他开始发现一些问题，尤其是在为人诊治疾病的时候，经常能见到一些被庸医耽误甚至治坏了的患者。他的激愤之情与日俱增，甚至专门写书来批判庸医和当时行医的不正之风。《医贯砭》和《慎疾刍言》就是徐大椿专门的批判之作。在徐大椿生活的年代，医界受明代温补学派的影响，都喜欢用补益的药物来治病。许多庸医根本不懂得辨证论治，只是盲目地给患者开补药，这样不仅不能治好病，反而会使病情加重，甚至会导致患者死亡。徐大椿的三个弟弟就是因为被庸医耽误了病情才死亡的，徐大椿十分痛恨这样的行为。他尊崇古典，认为医者在提出自己的观点时必须以《黄帝内经》等经典著作为依据，诊治疾病时必须遵循上古的诊疗方法。而当时的一些庸医总是先用虚脱吓唬患者，再用补药迎合取悦患者。还有更过分的庸医，仅仅知道几个方子，认识几十味药，就敢给人治病，无论什么病都用这些方药来治，白白耽误了病情。徐大椿担心这种过度崇尚温补的风气会愈演愈烈，便开始写书批评这样的行为。既然要对这种风气作出批驳，就要找到过度崇尚温补之风的起因。原来，明代时有一位叫薛立斋的太医，他看病时喜欢用六味地黄丸、肾气丸等方子加减运用，常用的主方少之又少。后来赵献可学习了他的经验，便写了《医贯》一书，以此来解释为什么可以仅用几个方子便能治疗所有的疾病。同时，赵献可还十分重视补阳，他认为命门之火对于人体至关重要，因此大力提倡温补命门之火。当时这本书十分受医者的欢迎，许多医者将它看作行医的典范。徐大椿看过这本书后，觉得书中很多观点都十分欠妥，于是提起笔，在这本书的每一段后都加上了批驳的话。

《赵氏医贯》

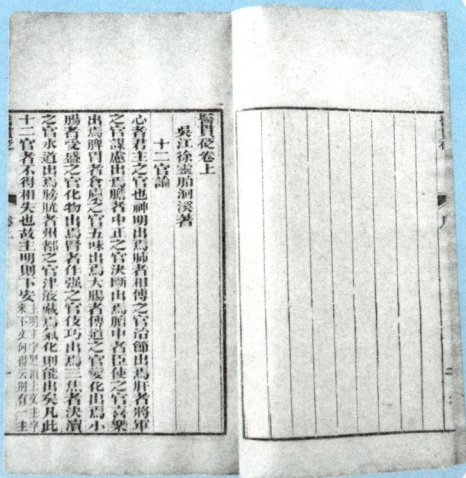

《医贯砭》

后来，他将《医贯》的原书和自己写的批驳之语合在了一起，整理成《医贯砭》一书。这本书对《医贯》的批驳有理有据，虽然未免有言辞过激、矫枉过正之处，但是却有效地打击了当时滥用温补的风气。

徐大椿善于思考，从来不会盲从权威，随波逐流，他敢于提出不同的观点，也善于针砭时弊。徐大椿评论过《医贯》一书后，并没有就此为止，对《临证指南医案》也提出了批驳。《临证指南医案》是与徐大椿同时代的另一位名医叶天士的弟子们整理的叶氏临证记录。叶天士也是一位勤学好思的医生，后世常将叶天士与徐大椿并论，后人所作对联"叶天士历经十七师，徐灵胎目尽五千卷"就是对这二位医家的真实写照。徐大椿读《临证指南医案》时，对自己赞同的观点

就赞不绝口，但遇到不赞同的观点时就会毫不客气地写下"瞎论"二字。

徐大椿善于批驳不止于此。由于当时滥用温补之风盛行，人参便成了备受推崇的药物。如果家中有孩子生病，父母没有买人参，就会被认为不慈；如果父母生病，子女没有买人参，就会被批判为不孝。这样一来，就使人参的价格高涨。许多家庭原本就十分贫穷，有人患病之后，医生还开大量昂贵的人参，致使他们变卖房屋田产以换人参。然而很多患者都是不该服用人参的，滥用只会导致人财两空，家破人亡。如此一看，庸医误人，罪孽深重。徐大椿对此现象痛心疾首，便写了一篇《人参论》，载于《医学源流论》一书中。

由于当时温补风气的盛行，许多人开始寻求长生不老的秘方。众

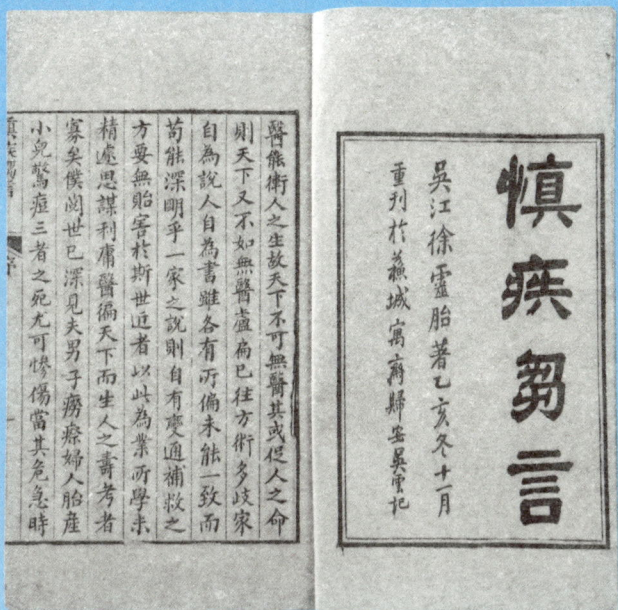

《慎疾刍言》

所周知，万物都有其生长的规律，怎么会真的长生不老呢？所谓的长生不老，只不过是一些人心中的期待罢了。而且，方药是用来治病的，若是人没有病而服药，日久则必对身体有损害。就算有人气血衰弱，需要用药滋补，也必须选用药性平和之品，而且应该根据人的体质不同辨证用药。所谓的长生不老的秘方，都是一些大补的药，不过是有人杜撰出来骗人的。徐大椿曾在《慎疾刍言》中记载了一个关于长生不老秘方的故事。徐大椿曾经遇到一位富贵人家的公子，向他求取长生不老的药方。徐大椿说："你先找一个长生不老的人让我见见，你要是能找到长生不老的人，我就能做出长生不老的药方。要是你找不到长生不老的人，那就说明世界上根本就没有长生不老的药方。"那个人十分生气。当时正好有一位老郎中在他家，那人便向那位老郎中求取长生不老的药方，而那位老郎中竟然真的给了他可以长生不老的药方。那个求取长生不老药方的人骄傲地对徐大椿说："长生不老的药方已经有人给我了，您怎么就这么吝啬呢？"徐大椿拿过药方一看，原来就是把所有温补类的药放到了一起，只不过故意用很难的制法，让人有耳目一新的感觉。于是徐大椿私下问那个老郎中："您的长生不老的方子是从哪里学来的？"那位老郎中告诉他说："您不要见怪，您不是专以行医为生的人，所以不屑于这样做。凡是有钱的人，他们什么都不缺，只害怕不能够长寿，一旦遇到名医，定会求取，如果不知道长生不老的方药，那么怎么行医挣钱呢？我不是故意要欺骗他，但是在这样的情况下，不得不这样做。"后来，那位郎中果然得到了丰厚的报酬。徐大椿这才知道，原来世界上所谓的秘方都是这样做成的。他十分生气，在《慎疾刍言》中写下了这件事，希望读过这本书的人引以为戒，千万不要再去相信所谓的长生不老秘方。那些秘方不仅不能长生，反

清代青花药瓶

古人炼丹追求长生不老

水中之舟

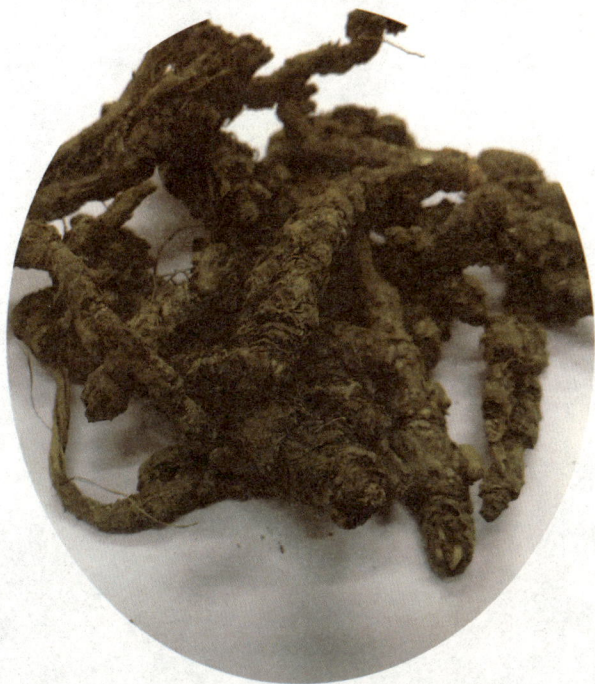

黄连

而会缩短寿命。

徐大椿在行医生涯中，遇到过许多或被庸医所误，或因患者刚愎自用不遵医嘱导致的死亡现象，每遇一例，徐大椿无不痛心疾首，批驳之语言辞激烈，每载一案，都为后世警醒。

有一位姓施的患者得了暑毒血痢，一个昼夜就腹泻很多次，痛苦欲绝。他家有一个叫张雨亭的亲戚认识徐大椿，便恳请徐大椿为他诊治。徐大椿为他诊察之后，知道他是热毒蕴结，于是用黄连、阿胶等药为他治疗。一服药下去，他的症状就好了七八分，第二天再去，见他神清气爽，脸上露出了喜悦的笑容。徐大椿家中有事需要回家，约定好隔一天再来为他诊治，没想到回去之后遇到了恶劣的风潮天气，连续几天都没有往来的船只，三天后才得以去患者的家中为他诊治。可是到了患者家中，徐大椿却发现患者生气地怒视着他。徐大椿问患者病是否好了，

人間

徐大椿

患者疾言厉色地对徐大椿说："都是用了你的药，病得越来越重了！"

徐大椿心中十分疑惑，于是问患者的父亲是不是用了其他郎中的药，患者的父亲闭口不言。徐大椿便带着疑惑离开了。出门的时候，他看见两位郎中进了门，于是托请张雨亭去打听原因。原来，患者的父亲因徐大椿路上延误，便请了当地所谓的名医来为患者诊治。那两位郎中让他服用了人参、干姜等药。病人的父亲还欺骗患者说："给你诊脉的是郡上有名的郎中，让你服用的还是徐大椿的方子。"病人服药之后，疼痛越来越严重，泻痢的次数也越来越多，所以才十分痛恨徐大椿。张雨亭还告诉徐大椿，病人服了那两位庸医的药之后，口干得像要出火了一样，想要吃西瓜。那两位庸医却说："得了痢疾吃西瓜必死无疑。"病人想喝凉水也没有得到允许，于是病人便让小孩子去取井水漱口，

清代脉枕

姜半夏

见到盆里的水抢来就喝了一半，号呼两天就死了。徐大椿痛心疾首，批评这些庸医说："他们用来治疗痢疾的方法会造成内脏损伤，导致病人惨死，更有甚者还会七窍流血。这些庸医和病人竟还将这种治法认作是唯一的方法，这种方法治死的病人不计其数，他们居然还不思悔改，实在是太可悲了。"

嘉兴有一个叫朱亭立的患者，曾经担任过广信太守，他得了一种呕吐的病，呕吐时发时止，有一次呕吐不止、粒米不下持续三天。为他诊治的郎中认为这是膈证，拒绝为他诊治，于是他的朋友便请到了徐大椿。徐大椿看后说："这是胃翻证，不是膈证，膈证是胃腑干枯，胃翻是痰火上逆，二者是完全不同的两个病。"徐大椿用半夏泻心汤加减，患者服用后渐渐开始能吃饭了，并从此和徐大椿成了朋友。这

清代药钵

穿
CHUAN
穴
XUE
膏
GAO
肓
HUANG

徐
XU
大
DA
椿
CHUN

个病人经常饮食没有节制，因而时有轻微发作的情况，而且经常食欲不佳，多年以来每次不适都只服用徐大椿的方子，症状维持得很好。后来有一次徐大椿路过他家，听到他说："我遇到了一位武林名医，他说我体虚，要服用人参、附子才可以，现在服用了他的药，我觉得身体强壮，精力旺盛，也能吃饭了。"徐大椿一听赶紧告诉他这些药会助火，腐化食物，必定耗伤元气，造成热毒的危害。朱亭立大笑，心中否认，看起来像是恨不能早遇到那位郎中的样子。不过两个月后，他便派人连夜前来接徐大椿。徐大椿赶紧跟着上了船，到了太阳落山的时候赶到了他家，看到朱亭立的床前血和汗流淌了满地。徐大椿大惊，连忙询问原因。朱亭立此时已经不能说话了，只是流着悔恨的泪水，俨然一副和徐大椿诀别的样子。这时候他的血已经涌出了一斗多，无药可救了，第二天天亮就去世了。徐大椿因而感慨热药误人之弊，朱亭立服用他的药活了十年，听信了滥用温补的庸医的话后一朝毙命，可世上因为滥用热药而受到危害的病人又岂是只有朱亭立一人呢！

以上几个例子，只是徐大椿对滥用温补的流弊和误人害人的庸医的批判中的冰山一角。徐大椿不仅治好了许多患者的病，挽救了他们的生命，还为后来的医者治病救人提供了良好的范例，是当之无愧的医学家、批评家。

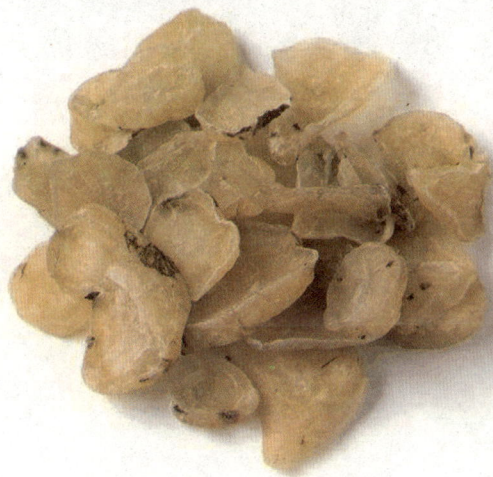

白附子

知识加油站

《医贯》是一本什么样的书？

《医贯》全书共六卷，又名《赵氏医贯》，明代医家赵献可所著，成书于明万历四十五年（1617年）。本书以保养"命门之火"贯串于全书的始终，因而名曰《医贯》。书中有许多观点与徐大椿的思想不一致，但从中医学的发展角度来讲，不失为一部有益于中医学习与临床的好书。

苏州西园 湖心亭

第五章

苍生大医美名传

徐大椿是一个正直善良的人，把医德看得比医术还要重要。他因为精湛的医术和高尚的品格得到了世人的赞赏，甚至连乾隆皇帝都对他赞誉有加。清代著名文学家袁枚还专门为他写了一篇《徐灵胎先生传》，为他的一生作了圆满的总结。

中国是礼仪之邦，人们都把"德"作为自己行为的标准。在社会上，每一个人都承担着不同的责任，因此也都有着不同的职业道德标准，医德便是一种十分重要的职业道德。关于医德，孙思邈的《大医精诚》作出了这样的规范："凡大医治病，必当安神定志，无欲无求，先发大慈恻隐之心，誓愿普救含灵之苦。若有疾厄来求救者，不得问其贵贱贫富，长幼妍媸，怨亲善友，华夷愚智，普同一等，皆如至亲之想；亦不得瞻前顾后，自虑吉凶，护惜身命。见彼苦恼，若己有之，深心凄怆，勿避险巇、昼夜、寒暑、饥渴、疲劳，一心赴救，无作功夫形迹之心，如此可为苍

金黄的银杏叶

十大名医 孙思邈

生大医,反此则是含灵巨贼。"徐大椿便是这样一位德行高尚的苍生大医。

　　医术和医德是不可分离的,徐大椿就是这样一位既精通医术,又医德高尚的医者。他知道医者关乎人的生命,肩负着重要的责任。生死是每个人最重要的事情,而人一旦生病,全凭医者的治疗。徐大椿曾经教导过一个通过读他的著作学医的人,他说:"行医最重要的事,就是要心怀救人之心,小心谨慎,如果欺骗世人,只知道求取利益,随便用以重剂,一旦出现错误,就会造成无法挽回的后果。这样即使病人不知道,我们做医者的又于心何忍呢?"

　　事实上,这段话不仅是徐大椿对学医之人的谆谆教导,更是徐大椿自己在行医路上的真实写照。他反对为了养家糊口而行医,诊治疾病时,一心都扑在治病救人上,从来不计较诊金和药费,有时治愈了家境贫困的危重患者,即使病人送上重金酬谢,徐大椿也坚决不接受。

荫门有一个姓金的人，有一天早上在门口站着，突然吹来一阵风，他便病了，变得嘴歪眼斜，不能说话。家人赶紧请了郎中来给他看病，请来的郎中给他用了人参、肉桂、附子等药。事实上，得了这样的病，是万万不能用这些药的，但是当时许多郎中遇到中风病都这样治。这位病人不但没有被治好，反而越来越严重。家人只好找到徐大椿。待到徐大椿去给他治病的时候，他满脸通红，粗喘着气，两只眼睛瞪得老大。徐大椿一摸脉，发现他的脉象十分洪大有力，马上就知道是怎么回事了，于是给他服下了祛风消痰清火的药，效果特别明显。家人看到病人好转了，十分高兴，便想给徐大椿一大笔钱，让他能够留在家中继续为这位患者治病。但是徐大椿见到这位病人的病情已经好转，

穿穴膏肓
CHUAN
XUE
GAO
HUANG

88

徐大椿
XU
DA
CHUN

肉桂

苏州荷塘

江南传统建筑

清代药罐

心中十分明了，知道自己能够把他的病治好，觉得没有留下来的必要，就对患者的家人说："我又不是为了养家糊口才给你看病的，你拿这么多钱给我干什么呀，怎么能用钱来买我的医术呢？"病者的家人只好作罢。徐大椿说："与其让那些庸医乱用药把你治死，还不如让我来给你开三剂药，如果吃了这三剂药醒过来能吃饭了，就不用再服药了。"徐大椿开完这三剂药便离开了。一个多月以后的一天，徐大椿正在家中休息，突然听见有人敲门，打开一看，竟然是那个姓金的病人。徐大椿一问，果然他吃完那三服药就能起床了，然后便没再服用其他的药。病人十分高兴，赶紧来徐大椿家登门拜谢。这个时候他就只有腿和膝盖还没有完全康复，胳膊有点麻，除此之外就没有别的不适了。徐大椿听完，又给他开了膏方，不久患者就痊愈了。

徐大椿不仅治好了患者的病，还推掉了患者家属的高额诊金，这

清代药戳

是平常只为了挣钱而行医的医者们所不能理解的。患者因为生病求治心切，希望徐大椿能够留在家中为其治疗，而徐大椿对患者的病情了如指掌，也对自己的治疗充满自信，因此便没有接受患者的重金。就像徐大椿自己说的，他又不是为了养家糊口才治病的，他治病的目的就是救人。

徐大椿一心治病救人、不为钱财所动的故事还有很多。苏州有一个姓杨的患者，三十多岁了，每天游手好闲、不务正业，偷偷花了他父亲很多钱，他的父亲十分生气便责罚了他。这个患者原本身体就很虚弱，被父亲责罚后又十分郁闷愤怒，便得了一种奇怪的病。得病之后先是像伤寒一样，然后渐渐开始神志昏迷，身体沉重无力。为他诊治的郎中觉得他得的是虚弱的病，就一味地给他用大补的药，人参每天就要用三钱，没想到他却病得越来越重，身体僵硬得像尸体一样。全家人都以为他再也治不好了，抱着最后一线希望，找到了徐大椿。待到徐大椿来的时候，病人的全家人都围在病人身边哭泣。徐大椿为他诊视后，又按了按他的身体，发现他全身上下出现了成百上千的痰核，心中便有了答案，于是哈哈大笑。围在病人身边哭泣的家人十分惊讶。徐大椿说道："你们都围在他身边哭，是以为他要死了吗？你们可以试试，即使去官府借来大板，重打他四十大板，他都不会死的。"病人的父亲听了之后十分疑惑，对徐大椿说："我们家为了给他治病，仅是吃人参就已经花费了千金，如果您能让他好起来的话，我们一定会千金重谢您。"徐大椿听后，说："金钱可以让别的人动心，我可从来都不收病人高额的诊金，为您治病只不过是尽我的道义而已。"说罢，

清代药瓶

徐大椿马上为病人开了清火安神的药，配上一服药末，三天病人就能说话了，五天就能坐起来了，一个月的时候就能够和平常时候一样了。

那个时候正好是牡丹花开花，病人的亲朋好友便在花前设宴饮酒为他庆贺病愈，徐大椿也应邀前去参加。他开玩笑说："您服用人参花了千金，还差点要了您的命，吃了我的药末就康复了，我的药钱是不是应该付了呀？"病人的舅舅在旁边说："当然，药钱是一定要付的，先生您明说需要多少钱？"徐大椿又说："让您的病越来越重的药都花费了千金，把您的病治好的药当然要加倍啊！"病人听到高昂的药价后十分惶恐。

徐大椿说："不要害怕，我是开玩笑的，药只需要八文钱，我不过是把萝卜籽研成了末而已，现在还有剩的呢！"众人一听，马上把吃剩的

牡
丹

药拿过来看，果然是萝卜籽，都不由得相视大笑。徐大椿不仅辨证精准，遣方用药效若桴鼓，而且品行高尚，不仅在诊病之前就拒绝了病家的高额酬谢，而且在治愈之后，也没有向患者收取高额的药钱。徐大椿只为尽到他治病救人的本心，不为利益所动，不居功自傲，甚至会诚心地感谢病人的信任和配合。

乌镇的莫秀东，得了一种非常奇怪的病。每天从后背开始疼，一直疼到胸胁，而且他白天的时候饮食起居一切正常，到了晚上便开始觉得疼痛，整夜不停地哀号，邻居们都能听到他的惨叫声。如此日复一日，病了五年，也连续治了五年，但是一点效果都没有。家里的钱财全都因为给他治病用光了。莫秀东痛不欲生，想要悬梁自尽。他的母亲说："你

萝卜籽

小桥流水人家

还有子女需要抚养，还需要你时时惦念，不如让我去死，也免得听你的哀号声。"说罢便要投河自尽。他的亲戚十分怜悯他，便带他到徐大椿家求治。徐大椿说："这是因为瘀血停留在了经络中。"接着徐大椿又叮嘱自己的儿子徐燨说："这是一种奇怪的病，我们要寻找各种方法为他治疗，不仅能帮助别人，还能增长自己的学问。"于是，徐大椿便让患者留在了家中，每天为他针灸熨拓，给他服用汤剂丸药，尝试了所有的方法，患者的疼痛也每天都有所减轻，一个月便痊愈了。患者十分感激徐大椿，没想到徐大椿却说："我还要感谢你呢！对于病情深重的患者，应该先尽到我的医术，然后才敢称功。现在的病人都希望一服药就能见效，如果三服药没有效果，就会去请其他郎中诊治了。你始终都这么信任我，是我的知己，我能不感动吗？"

徐大椿心术纯正，不慕名利，他对患者既心怀赤诚，又饱含身为苍生大医的责任感，甚至对于患者和家人的畏难情绪也敢于做出"死则甘愿偿命"的承诺。

毛履和的儿子毛介堂，得了严重的暑热病，大汗不止，脉微欲绝，四肢厥冷，面赤气短。但是为他诊治的郎中辨证错误，一直把他当作热证来治疗。徐大椿说："他这是亡阳之证，现在已经危在旦夕了，应该赶快用参附汤来回阳。"患者的祖父面露难色，不敢相信徐大椿的话。徐大椿见病情紧急，说："我与你家交情甚好，不忍心坐视不管，怎么会开出没有把握的方子来尝试呢？如果治死了我愿意偿命。"家人听罢，勉强让患者服下了药，一剂药服下汗就止住了，身体开始恢复了温度，也能安然入睡了。徐大椿又调整了方子，不到十天患者的病就好了。

徐大椿的责任感，不仅仅体现在他能够做出"死则甘愿偿命"的承诺上，还表现在面对患者时他不畏手畏脚，敢于承担责任，这与当时诸多多用补药但求无过的庸医形成了鲜明对比。《洄溪医案》中记载了这样一个案例：松江王孝贤的夫人平时就有血证，时发时止，发作的时候微微咳嗽，然后又因为感冒变成了痰喘，每天不能躺下，无论昼

穿
CHUAN
穴
XUE
膏
GAO
肓
HUANG

100

徐
XU
大
DA
椿
CHUN

清代药罐

苏州虎丘山

穿
CHUAN
穴
XUE
膏
GAO
肓
HUANG

102

徐
XU
大
DA
椿
CHUN

桂枝

夜都只能俯在几案上坐着。当时常州有一位小有名气的郎中叫法丹书，调治了很长时间都没有效果，于是请了徐大椿去为她诊治。徐大椿诊治后说："这个病应该用小青龙汤啊。"法丹书说："我当然知道这个病应该用小青龙汤，但是病人本来就体弱，还患有血证，小青龙汤中的麻黄、桂枝这类的药怎么能用呢？"徐大椿说："急则治其标，要是再喘几天，患者就该死了。先治她的新病，等新病好了再治她的本病就可以了。"法丹书说："当然您说得对，但是病人不懂这些道理，如果是治疗她的本病导致的死亡，那么即使病人死了也不会招致怨恨。如果用麻黄、桂枝导致患者死亡，患者家人肯定责怪你没有治本病，怨恨你用麻黄、桂枝杀了患者。我是靠行医养家糊口的，不能让自己招到病人的怨恨。您不是专门行医的人，我不参与您的治疗，您自己治吧。"徐大椿说："当

苏州虎丘山

穿
CHUAN
穴
XUE
膏
GAO
肓
HUANG

——
104

徐
XU
大
DA
椿
CHUN

清代针灸针

然，如果服用了我的药害了她，我自会承担责任，只希望您不要阻拦我。"说完便给患者服下了药。患者服下药后马上就能躺下了，当天晚上就能安睡了。徐大椿又用了消痰润肺、养阴开胃的药调治，不久患者就恢复如初了。那位当时已经小有名气的法丹书，因为害怕患者的责怪，害怕损害了自己的名声，用药畏首畏尾，与徐大椿的责任感形成鲜明的对比。徐大椿后来感慨说："凡举世一有利害关心，即不能大行我志，天下事尽然，岂独医也哉。"徐大椿将患者的安危放在第一位，把自己的名誉置之度外，这种精神也值得现代的医者学习。

徐大椿医术精湛，医德高尚，得到了世人的盛誉。徐大椿晚年的时候，搬到了吴山画眉泉居住，在那里建了房子，逍遥自在，颐养天年。突然有一天，有一位客人前来拜访他，这个人便是著名的大文人袁枚。

袁枚先生有一天突然发现左胳膊弯曲，不能伸直了，在经过其他郎中治疗没有效果之后，便想到了徐大椿。于是袁枚乘坐一艘小船来到了画眉泉。袁枚和徐大椿从前并不认识，而且徐大椿年事已高，正在家中安度晚年，袁枚不敢冒昧打扰。袁枚在出发之前就心怀忐忑，担心徐大椿不愿意见自己。思虑过后，袁枚决定请人引荐，于是找到了与徐大椿相识的人，写好一封求见的帖子，请他帮忙转交给徐大椿。其实，那时袁枚已经很有名气了，徐大椿很早就看过袁枚的诗文，对袁枚的才华和品德都十分佩服。袁枚的个性恬淡闲适，做官的时候政绩颇丰，名声特别好。三十三岁父亲去世时，袁枚便辞去官职，建了随园侍奉母亲，这与为博母亲欢心而潜心音律，著成《乐府传声》的徐大椿十分相似。而且，在读书作文上，袁枚也和徐大椿一样，都有着极高的天赋，不喜欢迂腐的老套路。种种相似之处，注定袁枚和徐大椿二人

《乐府传声》

必定一见如故，成为挚友。果然，徐大椿一见到帖子，知道袁枚要来拜访他，十分高兴，立刻打开了大门，亲自出来迎接，握着袁枚的手把他请进了屋里。两人一见如故，从此成了好朋友，徐大椿还杀了家中的老母鸡来款待袁枚，临别之时，特地送了丸药给袁枚。两人的友谊一直延续到了下一代，徐大椿的儿子徐爔也和袁枚成了好朋友，徐大椿的孙子还曾拜袁枚为师，跟随袁枚学习。徐大椿去世后，袁枚悲痛万分，感怀之余，为他撰写了《徐灵胎先生传》。

袁枚在《徐灵胎先生传》中，记载了徐大椿一生的成就和奇闻趣事，其中，在对徐大椿两次奉乾隆皇帝之命进京的经历上着墨最多，这件事也一直为后人津津乐道。

乾隆二十五年（1760 年），文华殿大学士蒋溥得了严重的病，乾隆皇帝寻找天下名医为他诊治，刑部尚书秦蕙田举荐了徐大椿。于是乾隆便召徐大椿进宫为蒋溥诊治。乾隆二十六年（1761 年）正月，徐大椿第一次进京觐见皇帝，面圣之后便被安排和御医一起为蒋溥诊治疾病。徐大椿仔细诊查过后，发现蒋溥的脉象已经是阴液枯涸，六部脉都是大热之象。因为阴液枯竭，不能承受暑热天气的煎灼，所以即使

《小仓山房文集》

穿
CHUAN
穴
XUE
膏
GAO
肓
HUANG
——
106
——
徐
XU
大
DA
椿
CHUN

乾隆像

竭尽全力治疗，也仅能维持到立夏，立夏之后天气炎热，即使医术如神也回天乏力了。于是，徐大椿便上表启奏说："蒋公的病已经不能治了。"乾隆皇帝不相信，便亲自前去查看，发现果然像徐大椿说的那样，

穿
CHUAN
穴
XUE
膏
GAO
肓
HUANG

108

徐
XU
大
DA
椿
CHUN

《兰台轨范》内文

于是对徐大椿说："你博学多才，医术高明，为人又忠厚诚实，就留在太医院里任职吧。"徐大椿最初没能拒绝，于是在太医院做了御医。

在太医院任职期间，徐大椿并不像从前为天下苍生诊治疾病时那样忙碌，他见到太医院中所藏医书无数，便如饥似渴地研读。徐大椿精心整理古典医籍的理论，加之自己以往行医的经验，著成一部堪称医家典范的《兰台轨范》。这样的御医生活过了五个月，当时已经年近古稀的徐大椿并不能适应太医院的行医方式，他始终惦记着民间那些受病痛折磨的人，便向皇帝请求辞去御医之职，告老还乡。乾隆皇

帝感念徐大椿年事已高，便批准了徐大椿回乡安度晚年的请求。

　　徐大椿返乡十年以后，朝廷中有重臣得病，乾隆皇帝便又想到了他，于是又一次下旨召徐大椿进京。当时的徐大椿已经七十九岁了，他知道自己命数将尽，但是徐大椿一生极其看重"忠义"二字，如今既然已经接到了圣旨，就一定要去京中诊病，以尽对天子之忠和对社稷重臣之义。于是，时年七十九岁高龄的徐大椿让自己的儿子徐爔带着棺木、寿衣随他一同前往，以备不时之需。就这样，徐大椿父子一路载着棺木到了京城。两天之后，徐大椿把儿子和几位朋友请到了房间中，对他们说："这次奉旨进京之前，我就知道自己命数将尽了，但是不能违背忠义二字，这才带着棺木来到京中。现在我的大限就要到了，我可能见不到皇上了，今天请你们来这里，就是临终地告别了。"朋友们听了都十分诧异，但是徐大椿却十分平和。他从容地和大家谈论了阴阳生死出入之理，又亲自写下了将要立于自己坟前的对联："满山芳草仙人药，一径清风处士坟。"那天晚上，徐大椿在谈笑风生中溘然长逝，终年七十九岁。乾隆皇帝听到徐大椿去世的消息后感到十分惋惜，于是赐以重金，让他的儿子 扶灵回到家乡安葬。

多年之后，徐大椿的好友袁枚前来祭拜他，怀念其生前之事，提笔写下了感人至深的《徐灵胎先生传》，赞扬他："纪称德成而先，艺成而后，似乎德重而艺轻。不知艺也者，德之精华也。德之不存，艺

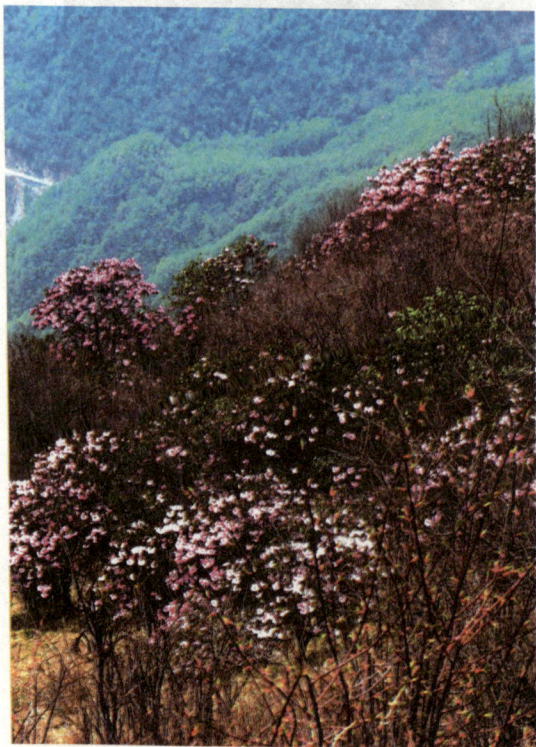

满山芳草

穿穴膏肓
CHUAN
XUE
GAO
HUANG

110

徐大椿
XU
DA
CHUN

于何有？人但见先生艺精伎绝，而不知其平素之事亲孝，与人忠，葬枯粟乏，造修舆梁，见义必为，是据于德而游于艺者也。"诚然如袁枚先生所言，徐大椿不仅医术高明，而且品德高尚。人们平时只知道徐大椿医术精湛，却不知道他平时侍奉母亲至诚至孝，与人交往至信至忠，如遇人有困难毫不吝惜地伸以援手，见义必为，这就是孔子所说的立足于德行，然后从事技艺的学习。

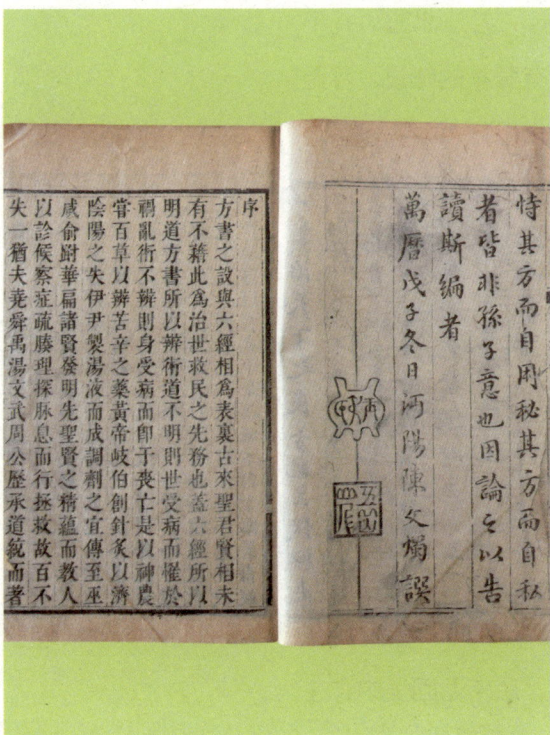

《备急千金要方》内文

知识加油站

孙思邈的《大医精诚》是一篇什么样的文章？

《大医精诚》一文出自唐朝孙思邈所著的《备急千金要方》第一卷，是中医学典籍中论述医德的最为重要的一篇文献，也是历代中医行医的医德规范。

后记

在徐大椿身后的二百多年里，后来的医家们在徐大椿的著作引导下行医济世，而徐大椿曾经的踪迹，也曾在岁月里沉寂了二百余年。

洄溪草堂是徐大椿晚年的隐居地，徐大椿就是在这个山清水秀的小园子里著书立说，把一生的经验留给了后来学医行医的人。而徐大椿晚年生活过的地方，曾在很长的一段岁月中无人问津，直到 1985 年春天，江苏苏州吴县文物普查工作组在吴县越溪乡张桥村松毛坞发现了洄溪草堂遗址。

当地人多称洄溪草堂为老江北园，在苏州这样一个园林众多的地方，"老江北园"并不显眼，它规模不大，也没有奢华的陈设，甚至因为在二百余年的岁月中未经修葺，许多字迹已经不能清楚地辨识。但就在这样一处僻静之所，我们可以循着一系列徐大椿留下的印记，想起一代大医恬淡宁静的晚年生活。徐大椿的好友袁枚曾在作《徐灵胎先生传》时记述，先生隐居在洄溪，矮屋旁有画眉泉，小桥流水，屋旁种满了松竹，登到楼上就能看见太湖和秀美的山峰，先生傲立于其中，远远看上去就像一个仙人站在天边。

乾隆二十六年（1761 年）时，徐大椿曾奉旨赴京为朝中重臣治病，后来返回吴中，在

徐大椿「古画眉泉」石刻

吴县七子山南麓深坞野林之中结庐，并以徐大椿的号命名为"洄溪草堂"。洄溪草堂曾存世一百二十年，后来在咸丰年间的战火中不幸被毁，现在在洄溪草堂的遗址旁，还留存着三十一方摩崖石刻。这些石刻艺术质量颇高，被人称为吴县"乾嘉摩崖石刻"之最，石刻的作者，都是当时的名人处士，其中"古画眉泉""不信在人间"和"梦游处"三处即是徐大椿亲笔书写。据当时考证的学者们抄录有"古画眉泉"洄溪道人书、"仙境"袁枚题、"人静泉清""可以濯我心"王大猷为洄溪道人书、"我爱其清"春江郑邦柱题、"面壁忘机"榆村徐爔题、"开山建亭"吴江徐爔嘉庆元年三月书时年六十有五、"迹留千古"榆村二长兄华亭王昶、"云霞泡影"僧钣己、"云壑"钱大昕题、"人地相宜"钱天植、"活泼泼地"漪园陈绍昌、"小匡庐"榆村二兄正勿庵王以衔、

穿
CHUAN
穴
XUE
膏
GAO
肓
HUANG

116

徐
XU
大
DA
椿
CHUN

"楼迟空谷"赵咸宁题等诸多石刻，还有一部分经过二百余年的岁月，字迹已经斑驳不清，长满了苔藓，无从辨识。但从碑文上可以看出，徐大椿晚年就是在这里过着宁静闲适的生活，也是在这里与好友畅谈经史。在他离世后，他的儿子徐爔又在这里生活了许多年。

在徐大椿的洞溪草堂旁不远，就是西施的画眉泉遗迹，民间传说夫差居吴城时，曾与西施住在这里避暑。西施就是在这里以水为镜，画眉梳妆，画眉泉因而得名。徐大椿亲撰《画眉泉记》，其子徐爔于嘉庆二年（1797年）聘请艺人叶逢金依照徐大椿之文绘成《画眉泉图》，后人将徐大椿之文与叶逢金之图合为一体装裱成册，现在就珍藏在上海医史博物馆中。徐大椿就是在画眉泉旁，写下了朗朗上口的道情三十七首，其中著名的《时文叹》和《行医叹》就包含其中。"叹无聊，便学医，唉！人命关天，此事难知，救人心，做不得谋生计。不读方书半卷，只识药味几枚。无论臟膈风劳，伤寒疟痢，一般的望闻问切，说是谈非。要入世投机，只打听近日行医，相得是何方何味，试一试，偶然得效，倒觉稀奇。试得不灵，更弄得无主意。若还死了，只说道：'药无错，病难医。'绝多少单男独女，送多少年高父母，拆多少壮岁夫妻，不但分毫无罪，还要药本酬仪，问你居心何忍？王法虽不及，天理实难欺，若果有救世之心，还望你读书明理。做不来，宁可改业营生，免得阴诛冥击。"一首《行医叹》，道出了徐大椿一生行医的心声。而徐大椿曾经生活过的洄溪草堂，在经历了二百多年的风雨后，于 1986 年 3 月 25 日被列为吴县文物保护单位。

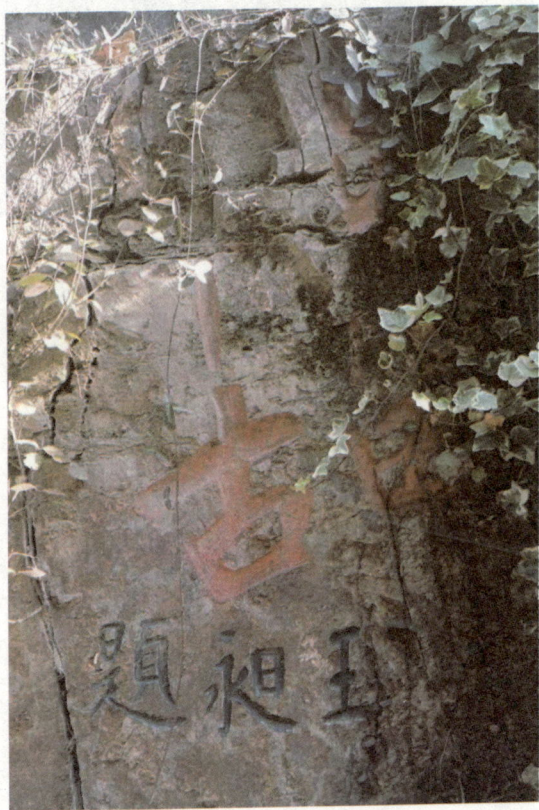

王昶「迹留千古」石刻

穿
CHUAN
穴
XUE
膏
GAO
肓
HUANG

118

徐
XU
大
DA
椿
CHUN

《石湖志略》

　　徐大椿一生救人无数，当地的百姓感念他的恩德，将他称为"阿爹"。
"阿爹"在当地方言中是"长者、爷爷"的意思，可见当地的人们对
徐大椿的敬仰之情。在苏州越溪的城皇山道院中，有一处"阿爹庙"，
供奉的就是徐大椿。这座庙早在南宋时期就有了，原本并非是专为徐
大椿所建，而是供奉着道教中"太乙真人""玉皇大帝""三清天尊"等"上
界天尊"。《石湖志》中记载，徐大椿不仅医术高明，而且心地善良，
乐善好施，为贫苦的人们治病常常不收诊金，还送药给他们。有一年
瘟疫盛行，徐大椿拟出了一个预防瘟疫的方子，这个方子不仅效果好，

王以衔「小匡庐」石刻

而且选用的都是便宜的药材，当地的百姓就是用这个方子抵御了瘟疫。从此，徐大椿便成了当地人们心目中的"神医"。多年后徐大椿去世，人们感念他的善举，为了纪念这位为人民造福的"神医"，便将徐大椿也供奉在了这里。从那时起，城隍庙中就多了一个供奉着徐大椿的"阿爹庙"。越溪人认为每年的农历十月十八是"阿爹"的生辰，要为他举行三天的庙会。直至现在，当地依然有很多人去"阿爹庙"中祈祷身体健康。

直至如今，在吴江八坼凌益村依然保留着徐大椿的墓。当年徐大

水乡

椿奉旨进京，在京中去世后，他的儿子徐爔扶棺回乡，将他葬在了吴江越溪，乾隆五十七年（1792年）时，迁葬到了现在所在的地方。

徐大椿的墓坐北朝南，墓中葬徐大椿与原配夫人、继室、副室。在1958年前，墓穴年久失修，直到1963年时当地重修徐大椿墓，并立楷书阴刻"清名医徐灵胎墓"碑。但不幸的是，在"文革"中，徐大椿的墓遭到了严重的破坏，原有的牌坊已荡然无存。1984年墓地重修，扩建到1400平方米，并筑以墓道，墓添封土，高2.3米，直径10米。现在墓前有一座四柱三间的石牌坊，牌坊上方刻"名世鸿儒"匾额，两侧刻着两副对联，都是徐大椿生前自己撰写的，一副是"满山芳草仙人药，一径清风处士坟"，另一副是"魄返九原，满腹经纶埋地下；书传四海，万年利济在人间"。徐大椿用一生所学护一方黎庶安康，墓前两联留给世人历代敬仰。